Genussmomente

FEIERABEND KÜCHE

EIN BUCH DER
EDITION MICHAEL FISCHER

INHALTS-
VERZEICHNIS

GRUNDLAGEN

REZEPTE

AVOCADOSUPPE

lauwarm

FÜR 4 PORTIONEN

- 750 ml Gemüsebrühe
- 4 Knoblauchzehen
- 5 TL Pflanzenöl
- 2 Avocados
- 1 Limette
- Salz, Pfeffer
- etwas Kresse

SO GEHT'S

1 Die Gemüsebrühe einmal aufkochen und lauwarm abkühlen lassen.

2 Die Knoblauchzehen schälen und in dünne Scheiben schneiden. Das Öl in einem Topf erhitzen und die Knoblauchscheiben darin leicht frittieren. Knoblauch-Flakes herausnehmen und das Öl beiseitestellen.

3 Die Avocados halbieren, entkernen, das Fruchtfleisch aus der Schale lösen, grob würfeln und mit der Brühe im Standmixer pürieren. Die Limette halbieren, den Saft auspressen und in die Avocadosuppe rühren. Mit Salz und Pfeffer würzen. Suppe in Schälchen füllen, mit Knoblauch-Flakes und Kresse garnieren. Nach Belieben das Knoblauchöl darüberträufeln.

PARMESANSUPPE

mit Crunch

FÜR 4 PORTIONEN

- 200 g Parmesan
- 500 ml Gemüsebrühe
- 200 g mehligkochende Kartoffeln
- Salz, Pfeffer
- ein paar Basilikumblätter (nach Belieben)

SO GEHT'S

1 Den Backofen auf 200 °C (Ober-/Unterhitze) vorheizen, ein Backblech mit Backpapier auslegen.

2 Den Parmesan mit einer Küchenreibe fein reiben. Aus 50 g Parmesan kleine Häufchen auf das Backblech streuen und leicht flach drücken, für etwa 10 Minuten im heißen Ofen backen. Den restlichen Parmesan beiseitestellen.

3 Die Gemüsebrühe zum Kochen bringen. Die Kartoffeln schälen, klein schneiden und in der Brühe 20 Minuten garen. Dann Parmesan einrühren und die Suppe mit dem Stabmixer fein pürieren. Mit Salz und Pfeffer würzen.

4 Die Parmesanplätzchen leicht zerbröseln, mit Basilikumblättchen auf die heiße Suppe geben und servieren.

GAZPACHO

mit Brotwürfeln

FÜR 2 PORTIONEN

- 1 rote Paprika
- 1 kleine Zwiebel
- 1 Knoblauchzehe
- ½ Salatgurke
- 400 g vollreife Tomaten
- 6 EL Olivenöl
- Meersalz
- schwarzer Pfeffer
- 1–2 Spritzer Tabasco
- 2 Scheiben Vollkornbrot

SO GEHT'S

1 Die Paprika halbieren, putzen, waschen und in kleine Stücke schneiden. Die Zwiebel sowie die Knoblauchzehe schälen und fein würfeln. Die Salatgurke schälen, längs halbieren, entkernen und in grobe Stücke schneiden.

2 Die Tomaten waschen, kreuzweise einschneiden und in einem Topf mit kochendem Wasser übergießen. Sobald sich die Haut löst (nach etwa 1 Minute), das Wasser abgießen und die Tomaten mit kaltem Wasser abschrecken. Tomaten häuten, halbieren, entkernen und in kleine Stücke schneiden.

3 Die vorbereiteten Zutaten mit 4 EL Olivenöl vermischen und mit Meersalz und Pfeffer würzen. Mit Folie abdecken und mehrere Stunden zum Marinieren in den Kühlschrank stellen.

4 Das marinierte Gemüse im Standmixer cremig pürieren und mit Tabasco abschmecken. Das Vollkornbrot in kleine Würfel schneiden und in 2 EL heißem Olivenöl von allen Seiten 1–2 Minuten knusprig braten. Die Suppe in Schalen füllen und mit Brotwürfeln bestreuen.

TIPP

Lässt sich prima vorbereiten und erst am Abend pürieren. Noch schneller lässt sich die Suppe mit passierten oder geschälten Tomaten zubereiten. Nach Belieben mit gelber Paprika und frischen Kräutern variieren.

ARTISCHOCKEN-FRITTATA
mit Parmesan

FÜR 2 PORTIONEN

- 1 Dose Artischocken (240 g Abtropfgewicht)
- 25 g Parmesan
- 4 Eier (Größe M)
- 2 EL Milch
- Salz, Pfeffer
- 2 EL gehackte Petersilie
- 2 EL Butter
- 4 Scheiben Parmaschinken

Außerdem

- ofenfeste Pfanne (Ø ca. 26 cm)

SO GEHT'S

1 Den Backofen auf 220 °C (Ober-/Unterhitze) vorheizen. Die Artischocken abgießen, gut abtropfen lassen, trocken tupfen und in schmale Stücke schneiden. Den Parmesan grob reiben.

2 Die Eier mit der Milch, etwa ¾ des Parmesans, etwas Salz, Pfeffer sowie der Petersilie verquirlen. Die Butter in einer ofenfesten Pfanne erhitzen. Die Ei-Masse hineingießen, gleichmäßig verteilen und mit den Artischocken belegen.

3 Im heißen Ofen ca. 15 Minuten backen, bis das Ei gestockt ist. Aus dem Ofen nehmen, ca. 5 Minuten ruhen lassen und auf einer Platte anrichten. Die Schinkenscheiben darauf verteilen und mit übrigem Parmesan bestreuen.

OLIVENBROTE

aus der Pfanne

FÜR 2 PORTIONEN

- 50 g gemischte schwarze und grüne Oliven
- 1 Stängel Oregano
- 100 g Mozzarella
- 4 große Scheiben Weißbrot (alternativ Toastbrot)
- 50 g hauchdünn geschnittener Parmaschinken
- 2 Eier (Größe M)
- 50 g frisch geriebener Parmesan
- 100 g Paniermehl
- 50 ml Olivenöl

SO GEHT'S

1 Die Oliven entkernen und in Streifen schneiden. Den Oregano waschen, trocken schütteln und die Blättchen abzupfen. Den Mozzarella in dünne Scheiben schneiden und die Weißbrotscheiben nach Belieben entrinden.

2 2 Scheiben Brot mit Schinken, Mozzarella, Oregano und Olivenstreifen belegen. Je 1 weitere Brotscheibe auflegen, zusammendrücken und kurz mit einem Holzbrett beschweren, damit die Brote besser zusammenhalten.

3 Die Eier kräftig verquirlen, den Parmesan unterrühren. Die beiden Doppeldeckerbrote in die Eiermischung tauchen und mehrmals im Paniermehl wenden. Das Olivenöl in einer großen Pfanne erhitzen und die panierten Brote darin in 5–8 Minuten auf beiden Seiten knusprig und goldgelb backen. Herausnehmen und auf Küchenpapier entfetten, quer halbieren – Toastbrot diagonal in Dreiecke schneiden – und servieren.

TIPP

Die Brote nur durch die Eier-Käse-Mischung ziehen und ohne Paniermehl braten.

WRAPS
mit Schinken und Avocado

FÜR 2 PORTIONEN

- 4 knackige Salatblätter
- 1 Tomate
- ½ Bund Schnittlauch
- 1 Avocado
- 1 TL Zitronensaft
- 150 g gekochter Schinken
- 100 g saure Sahne
- 2 große Weizentortillas (Fertigprodukt)
- Salz, Pfeffer

SO GEHT'S

1 Die Salatblätter waschen, trocken schütteln und in dünne Streifen schneiden. Die Tomate waschen, halbieren, entkernen und fein würfeln. Den Schnittlauch säubern und in Röllchen schneiden. Die Avocado halbieren, entkernen, Fruchtfleisch auslösen und in kleine Stücke schneiden. Mit Zitronensaft beträufeln. Die Schinkenscheiben vierteln oder in Streifen schneiden.

2 Die saure Sahne mit Schnittlauchröllchen verrühren. Die Weizentortillas im vorgeheizten Backofen bei 200 °C Ober-/Unterhitze (Umluft 180 °C) oder der Mikrowelle 1 Minute erwärmen.

3 Je eine Tortilla mit der Schnittlauchsahne bestreichen. Schinken, Tomaten- und Avocadostücke darauf verteilen und alles mit Salz und Pfeffer würzen. Je zwei Seiten einschlagen und aufrollen.

TIPP

Anstatt des Schinkens kann auch gebratenes Putenbrustfilet oder Räucherlachs verwendet werden.

GLASNUDELSALAT
mit Pute

FÜR 2 PORTIONEN

- 2 getrocknete Mu-Err-Pilze
- ½ Packung Glasnudeln (120 g)
- 2 cm frischer Ingwer
- 250 g Putenschnitzel
- 4 Frühlingszwiebeln
- 1 rote Paprika
- 1 EL Pflanzenöl
- Salz, Pfeffer
- 1 kleines Bund Koriander
- 1 EL Sojasauce
- 2 EL dunkles Sesamöl
- Saft von ½ Limette

Außerdem
- 1 saftige Flugmango zum Garnieren
- 1 TL Sweet-Chili-Sauce zum Garnieren

SO GEHT'S

1 Die Mu-Err-Pilze sowie die Glasnudeln separat in Schüsseln mit heißem Wasser übergießen und 10 Minuten quellen lassen. Den Ingwer schälen und klein würfeln. Die Putenschnitzel schräg in dünne Streifen schneiden. Die Frühlingszwiebeln waschen, putzen und in dünne Ringe schneiden. Die Paprika halbieren, putzen, waschen und in schmale Streifen schneiden.

2 In einer Pfanne das Pflanzenöl erhitzen und darin die Fleischstreifen von allen Seiten etwa 2 Minuten braten. Mit Salz und Pfeffer würzen. Die Pilze in ein Sieb abseihen, in kleine Stücke schneiden und mit in die Pfanne geben. Nur kurz garen und die Pfanne vom Herd nehmen.

3 Das Koriandergrün waschen, die Blättchen abzupfen (ein paar für die Deko zurückhalten) und grob hacken. Die Glasnudeln in ein Sieb abgießen, gut abtropfen lassen und dann in einer Schüssel mit Ingwer, Koriander, Sojasauce, Sesamöl sowie dem Pfanneninhalt locker vermengen. Zuletzt Frühlingszwiebeln und Paprikastreifen untermischen. Mit Limettensaft und nach Geschmack mit Salz und Pfeffer würzen.

4 Den Salat auf zwei Teller verteilen. Nach Belieben die Mango schälen und das Fruchtfleisch in mundgerechte Stücke schneiden. Die Salatteller damit garnieren und mit Sweet-Chili-Sauce beträufeln. Mit etwas frischem Koriander garnieren.

TIPP

Es gibt feine und dicke Glasnudeln. Je nach Geschmack einfach die Lieblingssorte wählen.

STEAK

mit Champignonsalat

FÜR 2 PORTIONEN

- 1 Schalotte
- 1 Knoblauchzehe
- 1 kleines Bund Petersilie
- 250 g Champignons
- 2 EL Olivenöl
- 1–2 EL trockener Weißwein (alternativ Gemüsebrühe)
- Salz, Pfeffer
- 2 Frühlingszwiebeln
- 100 g Salatmischung (z. B. Eichblattsalat, Feldsalat, Lollo rosso)
- 5 EL Pflanzenöl
- 1 Rindersteak (etwa 300 g, z. B. Entrecote)
- Saft von 1 Zitrone

Außerdem

- roter Pfeffer zum Garnieren

SO GEHT'S

1 Die Schalotte und den Knoblauch schälen und beides fein würfeln. Die Petersilie waschen, trocken schütteln, die Blättchen abzupfen und fein hacken. Die Champignons putzen und in dünne Scheiben schneiden.

2 Das Olivenöl in einer Pfanne erhitzen und darin Schalotten- und Knoblauchwürfel andünsten. Champignons hinzufügen und so lange braten, bis der Pilzsaft verkocht ist. Mit Weißwein beträufeln und mit Salz und Pfeffer würzen. Die Pilze in eine Schüssel geben.

3 Die Frühlingszwiebeln waschen, putzen und in feine Ringe schneiden. Die Salatmischung waschen und am besten in einer Salatschleuder trocken schleudern.

4 1 EL Pflanzenöl in einer Pfanne erhitzen und darin das Steak auf jeder Seite kräftig anbraten. Die Hitze reduzieren und das Fleischstück, je nach Dicke und gewünschtem Gargrad, 4–5 Minuten weiterbraten. Das Steak mit Salz und Pfeffer würzen, aus der Pfanne nehmen und zum Nachziehen in Alufolie wickeln.

5 Zitronensaft mit restlichem Pflanzenöl, der Hälfte der Petersilie sowie den Frühlingszwiebeln verrühren. Mit Champignons und Salatmischung locker vermengen und auf zwei Teller verteilen.

6 Das Steak aus der Alufolie nehmen und schräg in Streifen schneiden. Auf dem Salat anrichten, mit Bratensaft beträufeln und mit der restlichen Petersilie und, nach Belieben, mit etwas rotem Pfeffer servieren.

TIPP

Je nach Gemüsefachinhalt den Salat zusätzlich mit Tomaten, Gurke und Paprika variieren.

ONE-POT-
Pasta-Bolognese

FÜR 2 PORTIONEN

- 2 Stangen Staudensellerie
- 1 rote Zwiebel
- 1 Knoblauchzehe
- 2 kleine Möhren
- 1–2 EL Sonnenblumenöl
- 350 g Rinderhackfleisch
- 2 EL Tomatenmark
- 100 g gehackte oder passierte Tomaten (Dose)
- 450 g Fleisch- oder Gemüsebrühe
- 50 ml trockener Rotwein (alternativ 50 ml mehr Brühe)
- 250 g Spaghetti
- 1 EL getrocknete italienische Kräuter (Oregano, Thymian, Basilikum)
- Salz
- ½ TL Zucker
- Chiliflocken (nach Belieben)
- 150 g Kirschtomaten
- Pfeffer
- Basilikumblätter zum Garnieren

SO GEHT'S

1 Sellerie waschen, Zwiebel, Knoblauch und Möhren schälen und mit dem Sellerie fein würfeln.

2 Das Öl in einer tiefen Schmorpfanne erhitzen und das Rinderhackfleisch darin von allen Seiten krümelig und scharf anbraten.

3 Nach 1–2 Minuten das Gemüse zugeben. Tomatenmark, Tomaten, Brühe und Rotwein in die Pfanne geben und alles vorsichtig vermengen. Spaghetti, Kräuter, 1 TL Salz, Zucker und, nach Belieben, Chiliflocken hinzufügen und unter Rühren zum Kochen bringen. Die One-Pot-Pasta bei mittlerer Hitze und geschlossenem Deckel rund 10–12 Minuten kochen lassen. Dabei immer wieder umrühren.

4 Die Kirschtomaten waschen und vierteln. Sobald die Nudeln gar sind, die Kirschtomaten unterheben. Mit Salz und Pfeffer abschmecken und mit frischen Basilikumblättern garniert servieren.

SALTIMBOCCA

mit Süßkartoffelpüree

FÜR 4 PORTIONEN

Für das Saltimbocca
- 8 Schweine- oder Kalbs-medaillons (je 60–80 g)
- Salz, Pfeffer
- 4 Scheiben Parmschinken
- 8 Salbeiblätter
- 2 EL Rapsöl

Für das Püree
- 500 g Süßkartoffeln
- 1 grüner Apfel
- 125 g Butter

Für den Spinatsalat
- 1 rote Zwiebel
- 1 Knoblauchzehe
- 3 EL neutrales Öl
- 1 TL Senf
- 5–6 EL Orangensaft
- 5 EL Tomatensaft
- 3 Scheiben Toastbrot
- 350 g Baby-Spinat

Außerdem
- Küchengarn oder kurze Holzspießchen

SO GEHT'S

1 Die Medaillons mit Salz und Pfeffer würzen. Jedes mit ½ Scheibe Schinken umwickeln und dabei jeweils 1 Salbeiblatt mit einwickeln. Mit Küchengarn oder gewässerten Spießen fixieren.

2 Den Ofen auf 200 °C Ober-/Unterhitze (180 °C Umluft) vorheizen.

3 Die Süßkartoffeln schälen und grob klein schneiden. Den Apfel schälen, Kerngehäuse entfernen und das Fruchtfleisch ebenfalls grob zerkleinern. Beides in einen Topf mit etwa 1–2 cm Wasser geben und gar kochen.

4 Fleischstücke mit etwas Rapsöl bestreichen und 6–8 Minuten im heißen Ofen garen.

5 Für den Spinatsalat Zwiebel und Knoblauch schälen, Zwiebel fein würfeln und Knoblauch durchpressen. Beides in 1 EL Öl 2 Minuten anschwitzen. Den Senf, Orangen- und Tomatensaft einrühren. 1–2 Minuten köcheln lassen, mit Salz und Pfeffer würzen. Dressing in einer Schüssel abkühlen lassen.

6 Süßkartoffeln und Äpfel mit 1 Prise Salz sowie der Butter zu cremigem Püree stampfen.

7 Toast entrinden, in kleine Würfel schneiden und im restlichen Öl in einer Pfanne goldgelb rösten. Croûtons leicht salzen und auf Küchenpapier entfetten.

8 Den Spinat waschen, abtropfen lassen, mit etwas Dressing vermengen und die Croûtons darüberstreuen. Saltimbocca und Püree auf Tellern anrichten, Spinatsalat auf Schälchen verteilen und das restliche Dressing dazu reichen.

CORDON BLEU

mit Artischockenpüree

FÜR 4 PORTIONEN

Für das Cordon bleu
- 4 dünne große Schweine-schnitzel
- 4 Scheiben Kochschinken
- 4 Scheiben Emmentaler
- Salz, Pfeffer
- 2 Eier (Größe M)
- 100 g Mehl
- 100 g Semmelbrösel
- 100 ml neutrales Öl

Für das Artischocken-püree
- 4 Artischockenböden (Dose)
- 2 EL Olivenöl plus etwas mehr zum Abschmecken
- 1 TL Aceto balsamico bianco
- Salz, Pfeffer
- Zucker

Außerdem
- Zahnstocher aus Holz
- Zitronenscheiben zum Belegen

SO GEHT'S

1 Die Schnitzel evtl. dünn klopfen und auf einer Hälfte mit je 1 Scheibe Schinken und Emmentaler belegen. Schnitzelfleisch so zusammenklappen, dass möglichst nichts von der Füllung übersteht. Mit einem Zahnstocher verschließen. Mit Salz und Pfeffer würzen.

2 Die Eier mit 1 EL Wasser gut verquirlen. Schnitzel erst in Mehl wenden, dann durch das Ei ziehen und zuletzt in den Bröseln wenden.

3 In einer weiten Pfanne Cordon bleu in Öl auf beiden Seiten goldgelb braten.

4 Währenddessen die Artischockenböden abtropfen lassen und mit Olivenöl, Aceto balsamico, Salz, Zucker und Pfeffer im Mixer pürieren. Nach Belieben das Püree durch ein feines Sieb passieren. Mit Olivenöl, Salz, Pfeffer und Zucker abschmecken.

5 Die Cordon bleus auf Teller geben und mit den Zitronenscheiben garnieren. Mit Artischockenpüree servieren. Dazu passen Drillinge oder Salzkartoffeln.

STRIPSTEAK

mit Stampf und Röstzwiebeln

FÜR 2 PORTIONEN

Für das Steak
- 400 g Strip Loin
- 25 g Butter

Für die Stampf-kartoffeln
- 500 g mehligkochende Kartoffeln
- Salz
- 50 ml Milch (nach Belieben)
- 150 g zimmerwarmes Wagyu-Fett oder ein anderes Rinderfett
- 50 g Butter

Für die Röstzwiebeln
- 2 Schalotten
- 50 g Mehl
- 50 g Panko (japanisches Paniermehl aus Weißbrot, alternativ Paniermehl)
- 500 ml Traubenkernöl zum Frittieren
- 1 kleines Bund Oregano

SO GEHT'S

1 Den Backofen auf 160 °C (Umluft) vorheizen. Das Fleisch Zimmertemperatur annehmen lassen.

2 Für den Stampf die Kartoffeln schälen, waschen, klein schneiden und in Salzwasser gar kochen. Abgießen und dabei etwas Kochwasser auffangen.

3 Das Fleisch in einer Pfanne langsam im eigenen Fett anbraten, bis es von allen Seiten schön gebräunt ist. Anschließend im vorgeheizten Ofen ca. 5 Minuten garen, danach an einem warmen Ort etwa 10 Minuten ruhen lassen. Das Steak sollte eine Kerntemperatur von 54–56 °C haben, dann ist es medium gegart.

4 Für die Röstzwiebeln die Schalotten schälen und in dünne Ringe hobeln. Mehl und Panko mischen und die Schalotten darin wenden. Das Öl auf etwa 160 °C erhitzen und die Schalotten darin goldgelb frittieren. Anschließend den Oregano grob zerzupfen und ebenfalls kurz frittieren.

5 Die Kartoffeln mit 50 ml Kochwasser (oder Milch), dem Fett und der Butter zu einem Brei stampfen. Dabei nicht zu viel stampfen und nicht mit dem Handmixer pürieren, sonst bekommt das Püree eine leimige Konsistenz.

6 Zum Schluss das Steak in Butter etwas nachbraten und mit den Stampfkartoffeln auf Teller verteilen. Mit den Röstzwiebeln und Oregano garnieren und servieren.

PUTENCURRY
aus dem Wok

FÜR 2 PORTIONEN

- 3 cm frischer Ingwer
- 2 Schalotten
- 400 g Gemüse (z. B. Möhre, Salatgurke, Zucchini)
- 250 g Putenfilet
- 2 EL helle Sojasauce
- 1 EL Pflanzenöl
- ½ EL Currypaste
- 250 ml Gemüsebrühe
- 250 ml Kokosmilch (Dose)
- Salz, Pfeffer

SO GEHT'S

1 Den Ingwer und die Schalotten schälen und in kleine Würfel schneiden. Das Gemüse waschen, ggf. putzen oder schälen und dann mithilfe eines Spiralschneiders zu Spaghetti verarbeiten. Das Putenfilet in sehr schmale Streifen schneiden und mit der Sojasauce würzen.

2 Das Pflanzenöl in einem Wok oder in einer großen tiefen Pfanne erhitzen. Ingwer, Schalotten und Currypaste darin unter Rühren etwa 1 Minute lang anbraten.

3 Gemüsebrühe und Kokosmilch dazugießen und aufkochen. Die Gemüsespaghetti hinzufügen und bei mittlerer Hitze 3–4 Minuten garen. Zuletzt die Putenstreifen unterrühren und einige Minuten ziehen lassen. Das Putencurry mit etwas Salz und Pfeffer würzen und servieren.

TIPP

Wer möchte, würzt das Curry noch mit ½ Stängel Zitronengras, 1 Knoblauchzehe, ½ Chilischote, 1 TL frisch gehacktem Koriandergrün und 1 TL Fischsauce. Das Zitronengras dient nur als Aromat und sollte wieder herausgenommen werden.

FRÜHLINGSEINTOPF
mit Kokos und Hähnchen

FÜR 3 PORTIONEN

- 1 Zwiebel
- 1–2 cm frischer Ingwer
- 1 EL Sesamöl
- 250 ml Kokosmilch (Dose)
- 400 ml Gemüsebrühe
- Chiliflocken (nach Belieben)
- 500 g Hähnchenbrustfilet
- Salz, Pfeffer
- 250 g Möhren
- 300 g grüner und weißer Spargel
- 200 g Spitzkohl
- 1 TL Ahornsirup
- 2–3 EL gerösteter Sesam

SO GEHT'S

1 Die Zwiebel schälen und fein würfeln, Ingwer schälen und fein reiben. Sesamöl in einem großen Kochtopf erhitzen und die Zwiebelwürfel darin bei mittlerer Hitze glasig dünsten. Kokosmilch, Gemüsebrühe, Ingwer und nach Wunsch einige Chiliflocken hinzufügen und die Brühe zum Kochen bringen.

2 Hähnchenbrust in Streifen schneiden, salzen, hinzugeben und im geschlossenem Topf bei mittlerer Hitze 3 Minuten kochen lassen.

3 Möhren und weißen Spargel schälen, den grünen Spagel waschen und nur das untere Drittel schälen. Den Spargel in Stücke und die Möhren in feine Scheiben schneiden. Spitzkohl in feine Streifen hobeln. Gemüse in den Topf geben und weitere 10 Minuten im geschlossenen Topf bei mittlerer Hitze kochen lassen. Das Gemüse sollte bissfest sein.

4 Den Eintopf mit Ahornsirup, Salz und Pfeffer abschmecken und mit geröstetem Sesam bestreut servieren.

TIPP

Wer mag, gibt noch eine angedrückte Zitronengrasstange mit in die Brühe. So bekommt die Suppe ein besonders frisches Aroma! Das Zitronengras einfach kurz vor dem Servieren entfernen.

IRISH-BEEF-SALAT

mit asiatischer Note

FÜR 4 PORTIONEN

- 750 g Lenden- oder Filetstück vom Irish Beef (ca. 2,5 cm dick)
- 6 EL Limettensaft
- 4 EL Palmzucker oder heller Muscovado-Zucker
- Salz
- gemahlener Szechuanpfeffer
- Fett zum Braten (z. B. geklärte Butter)
- 1 kleine Salatgurke
- 4 rote Schalotten
- 100 g Kirschtomaten
- 1 milde rote Chilischote
- 1 Handvoll Minzblätter
- 1 Handvoll Korianderblätter
- 1 kleine Handvoll Basilikumblätter
- 4 Frühlingszwiebeln
- 3 EL Thai-Fischsauce
- 100 g gemischter grüner Blattsalat

SO GEHT'S

1 Das Fleisch beidseitig mit 2 EL Limettensaft beträufeln und die Hälfte des Zuckers darübergeben. Mit etwas Salz und Szechuanpfeffer würzen. In einer Pfanne 4–5 Minuten in wenig Fett anbraten, dabei einmal wenden. Es soll gebräunt, aber innen noch roh und saftig sein. Fleisch mit Pergament- oder Metzgerpapier bedecken und auf einem Holzbrett 15 Minuten ruhen lassen.

2 In der Zwischenzeit die Gurke schälen, halbieren, entkernen und in 1 cm dicke Scheiben schneiden. Schalotten schälen und in feine Ringe schneiden, Kirschtomaten waschen und halbieren, Chili waschen, entkernen und in Ringe schneiden, Kräuter waschen und trocken schütteln und Frühlingszwiebeln in feine Ringe schneiden. Alles in einer Schüssel vorsichtig durchmischen.

3 Restlichen Zucker im restlichen Limettensaft und der Fischsauce auflösen. Die Blattsalate waschen und trocken schleudern.

4 Das Fleisch zum Servieren in dünne Streifen schneiden und in eine große Salatschüssel geben. Gemüse und Kräuter, Blattsalate und das Fischdressing dazugeben und mischen.

5 Zum Servieren auf Salattellern anrichten.

CREMIGE POLENTA

mit grünem Sommergemüse

FÜR 2 PORTIONEN

Für die Polenta
- 1 l Gemüsebrühe
- 200 g Maisgrieß (Polenta)
- Salz
- 3 EL geriebener Parmesan (alternativ kräftiger Bergkäse)

Für das Gemüse
- 1 Zwiebel
- 1 Fenchelknolle
- 200 g Zuckerschoten
- 2 EL Butter
- 500 g Brokkoliröschen
- 150 g Erbsen
- ½ TL Honig
- Salz
- Abrieb von ½ Bio-Zitrone
- 1 Spritzer Zitronensaft
- Pfeffer
- 4 EL geröstete Pinienkerne

SO GEHT'S

1 Für den Polentabrei die Gemüsebrühe aufkochen, Maisgrieß unter ständigem Rühren einstreuen und zum Kochen bringen. Je nach Salzgehalt der Brühe den Brei noch etwas nachsalzen und rund 5–10 Minuten köcheln lassen, dabei immer wieder umrühren, da der Brei sehr schnell am Topfboden ansetzt!

2 Parallel dazu das Gemüse zubereiten. Zwiebel schälen und fein würfeln, Fenchel und Zuckerschoten waschen, putzen und in feine Streifen schneiden.

3 Butter in einer tiefen Schmorpfanne erhitzen und Zwiebeln, Brokkoliröschen, Fenchel, Erbsen und Zuckerschoten darin kurz anbraten, die Hitze anschließend etwas reduzieren. Honig und ½ TL Salz hinzufügen und das Gemüse in der geschlossenen Pfanne bei kleiner bis mittlerer Hitze 5–10 Minuten dünsten. Anschließend Zitronenabrieb und -saft sowie etwas Pfeffer hinzufügen und das Gemüse abschmecken.

4 Den Käse unter die Polenta heben und kurz schmelzen lassen. Den Polentabrei zusammen mit dem Sommergemüse auf Tellern anrichten und mit gerösteten Pinienkernen bestreut servieren.

TIPP

Der Polentabrei zieht sehr stark nach. Sollte der Brei zu schnell fest werden, einfach noch etwasmehr Gemüsebrühe hinzugeben.

GEFÜLLTE ZUCCHINI

mit Gorgonzola und Walnuss

FÜR 2 PORTIONEN

Für die Zucchini

- 3 mittelgroße Zucchini
- Salz
- ½ Bund Frühlingszwiebeln
- 100 g Walnusskerne
- 150 g Gorgonzola dolce

Zum Anrichten

- 1 Bio-Zitrone
- 150 g griechischer Joghurt (10 % Fett)
- Salz

SO GEHT'S

1 Den Backofen auf 175 °C (Umluft) vorheizen und eine Ofenform oder ein Blech fetten.

2 Die Zucchini waschen, putzen, der Länge nach halbieren und das Fruchtfleisch mittig mit einem Löffel herauskratzen und kleinschneiden. Die Innenflächen der Zucchini leicht salzen.

3 Die Frühlingszwiebeln waschen, putzen und in feine Ringe schneiden. Die Walnusskerne grob hacken und den Gorgonzola in kleine Stücke zupfen.

4 Zucchiniwürfel, Walnusskerne, Gorgonzola, Frühlingszwiebelringe und etwas Salz vermengen und die Zucchini damit füllen. Im heißen Backofen etwa 25 Minuten überbacken.

5 In der Zwischenzeit die Zitrone heiß waschen, abtrocknen und von der Hälfte die Schale fein abreiben. Aus dem Joghurt, etwas Salz und der Zitronenschale einen Dip rühren und zu den gebackenen Zucchini servieren.

GNOCCHI
Caprese

FÜR 2 PORTIONEN

- 500 g Kirschtomaten
- 1 rote Zwiebel
- 250 g Gnocchi (Kühlregal)
- 4 EL Olivenöl
- 50 ml Gemüsebrühe
- ½ TL getrockneter Basilikum
- Salz
- 150 g Büffelmozzarella
- 2 EL Pinienkerne
- 1 Handvoll Basilikumblätter

Außerdem
- Fett für die Form

SO GEHT'S

1 Eine mittelgroße Auflaufform fetten und den Ofen auf 170 °C (Umluft) vorheizen.

2 Die Kirschtomaten waschen, die Zwiebel schälen und in feine Streifen schneiden.

3 Die Gnocchi, Kirschtomaten (im Ganzen), Zwiebelstreifen, Öl und Gemüsebrühe mit Basilikum und ½ TL Salz in der Auflaufform vermengen und im heißen Backofen rund 20 Minuten backen.

4 Den Mozzarella zerrupfen. Die Pinienkerne in einer kleinen Pfanne ohne Fett anrösten.

5 Den Auflauf noch einmal vermengen, den Mozzarella zwischen Tomaten und Gnocchi platzieren und weitere 3 Minuten mitbacken.

6 Die Gnocchi mit gerösteten Pinienkernen und den gewaschenen Basilikumblättern anrichten und sofort servieren.

TIPP

Wer es besonders würzig mag, gibt noch 1 fein gehackte Knoblauchzehe mit zu den Gnocchi!

GEMISCHTER SALAT
mit Mango und Avocadoöl

FÜR 2 PORTIONEN

- 100 g Baby-Spinat
- 2 mittelgroße Tomaten
- 1 Mango (z. B. Thai-Flugmango)
- 1 kleine Zwiebel
- 1 Avocado
- Saft von ½ Zitrone
- 1 Msp. mittelscharfer Senf (oder Dijon-Senf)
- 2 EL Avocadoöl
- Salz, Pfeffer
- Cayennepfeffer
- 1 EL grob gehackte Haselnusskerne

SO GEHT'S

1 Den Blattspinat waschen und abtropfen lassen. Die Tomaten waschen und in kleine Würfel schneiden. Die Mango schälen und das Fruchtfleisch klein würfeln. Die Zwiebel schälen und in kleine Würfel schneiden. Die Avocado schälen, halbieren, den Kern entfernen und das Fruchtfleisch in kleine Stücke schneiden. Mit etwas Zitronensaft beträufeln.

2 Aus dem restlichen Zitronensaft, Senf und Avocadoöl das Dressing anrühren. Mit Salz, Pfeffer und 1 Prise Cayennepfeffer würzen.

3 Alle Zutaten in einer Schüssel locker vermengen. Breitflächig auf zwei Teller verteilen und mit Haselnüssen bestreuen.

TIPP

Die Avocadohälften ganz lassen, mit Zitronensaft beträufeln und in einer heißen Grillpfanne in etwas Rapsöl auf den Schnittflächen nur kurz angrillen, sodass sie die typischen Grillstreifen und einen leichten Grillgeschmack bekommen. Diese dann mit Sojasauce beträufeln und zum Salat servieren.

SPAGHETTI
mit Chili-Avocado-Creme

FÜR 2 PORTIONEN

- 200 g Spaghetti
- Salz
- ½ Bund Basilikum (oder Petersilie)
- ½ rote Chilischote
- 1 Frühlingszwiebel
- 1 Tomate
- 1 Knoblauchzehe
- 1 Avocado
- Saft von ½ Zitrone
- 2 EL Olivenöl
- Pfeffer
- frisch geriebener Parmesan (nach Belieben)

SO GEHT'S

1 Die Spaghetti in reichlich kochendem Salzwasser in 10 Minuten bissfest garen.

2 Inzwischen Basilikum und Gemüse waschen. Die Basilikumblätter abzupfen und grob hacken. Die Knoblauchzehe schälen und klein hacken. Die Chilischote entkernen und fein würfeln. Die Frühlingszwiebel putzen und klein schneiden. Die Tomate in kleine Würfel schneiden.

3 Die Avocado halbieren, den Kern entfernen, Fruchtfleisch herauslösen und mit dem Zitronensaft beträufeln. Eine Avocadohälfte in kleine Stücke schneiden, die andere Hälfte mit Olivenöl, Knoblauch und Basilikum mit einem Stabmixer pürieren.

4 Die Spaghetti tropfnass in einer Schüssel mit dem Avocadopüree, den Avocadostücken, Frühlingszwiebeln und Tomaten locker vermengen. Mit Salz und Pfeffer abschmecken und servieren. Nach Belieben Parmesan dazu servieren.

TIPP

Wer es schärfer mag, kann die Menge der frischen Chili erhöhen oder – wenn lieber etwas fruchtiger – mehr Tomaten und Frühlingszwiebeln hinzugeben.

ERBSEN-FRITTATA

mit Spinat und Möhre

FÜR 2 PORTIONEN

- 100 g Baby-Spinat
- 1 kleine Möhre
- 1 kleine rote Zwiebel
- 1 Knoblauchzehe
- 5 Eier (Größe M)
- 25 g fisch geriebener Parmesan
- 4 EL Milch
- Salz, Pfeffer
- 1 EL Sonnenblumenöl
- ½ rote Chilischote (nach Belieben)
- 150 g Erbsen

SO GEHT'S

1 Den Backofen auf 200 °C (Ober-/Unterhitze) vorheizen.

2 Den Spinat waschen, trocken schleudern und grob hacken. Die Möhre schälen und in dünne Scheiben schneiden oder hobeln. Zwiebel und Knoblauch schälen und fein hacken.

3 In einer kleinen Schüssel Eier, Parmesan und Milch verquirlen und mit Salz und Pfeffer abschmecken.

4 Das Öl in einer ofenfesten Pfanne (ø etwa 20 cm) erhitzen und darin Zwiebel, Knoblauch, und nach Belieben die entkernte, klein gehackte Chili, glasig andünsten. Spinat, Möhre und Erbsen dazugeben und dann alles mit der Eier-Parmesan-Milch aufgießen.

5 Im vorgeheizten Backofen (Mitte) 10–15 Minuten garen. Nach dem Backen kurz auskühlen lassen und zum Servieren in kleine mundgerechte Stücke schneiden.

TIPP

Die Erbsen-Frittata schmeckt auch kalt wunderbar – ein tolles Upgrade für die Lunchbox.

PASTA
mit Chilibröseln und Sardinen

FÜR 2 PORTIONEN

- 200 g Nudeln (z. B. Spaghetti)
- Salz
- 1 Bio-Zitrone
- 3 EL grünes Pesto (Glas)
- Pfeffer
- 1 Dose Sardinen (in Öl, 85 g Abtropfgewicht)
- 1 Knoblauchzehe
- 2 EL Semmelbrösel
- ½ TL Pul Biber (alternativ Chiliflocken)
- 200 g Kirschtomaten
- 50 g Rucola

SO GEHT'S

1 Die Nudeln nach Packungsanweisung in Salzwasser garen.

2 Inzwischen die Zitrone heiß waschen, abtrocken und ca. 1 TL der Schale fein abreiben. Die Zitrone halbieren und von einer Hälfte den Saft auspressen. Das Pesto mit Zitronenschale und -saft in einer großen Schüssel verrühren. Mit Salz und Pfeffer abschmecken.

3 Die Sardinen abgießen, dabei 1 EL Öl auffangen. Den Knoblauch schälen und fein hacken. Das Sardinenöl in einer kleinen Pfanne erhitzen und den Knoblauch darin andünsten. Die Semmelbrösel zugeben und unter Rühren goldbraun rösten. Herausnehmen, das Pul Biber unterrühren, mit etwas Salz und Pfeffer abschmecken.

4 Die Tomaten waschen und halbieren. Den Rucola waschen, trocken schütteln und harte Stiele entfernen. Die Nudeln abgießen, abtropfen lassen und mit den Tomaten unter die Pestosauce mischen. Die Pasta auf Tellern anrichten. Die Sardinen in Stücke zupfen und mit dem Rucola auf den Nudeln verteilen. Mit den Chilibröseln bestreuen. Übrige Brösel extra dazu servieren.

LACHSFILET-
Päckchen mit Spinat & Gorgonzola

FÜR 2 PORTIONEN

- 150 g Baby-Spinat
- 1 Schalotte
- 1 Knoblauchzehe
- 100 g Sahne
- Salz, Pfeffer
- 100 g Gorgonzola dolce
- 2 Lachsfilets (je 100–150 g)

Außerdem
- Küchengarn

SO GEHT'S

1 Den Backofen auf 130 °C (Umluft) vorheizen.

2 Den Spinat waschen und trocken schleudern, die Schalotte und die Knoblauchzehe schälen und fein würfeln. Den Spinat in einer Schüssel mit den Schalotten- und Knoblauchwürfeln vermengen, Sahne zugießen und alles mit Salz und Pfeffer würzen.

3 Den Gorgonzola zerzupfen und die Hälfte ebenfalls zum Spinat geben. Nun auf zwei Backblechen jeweils ein Stück Backpapier ausbreiten. Mittig jeweils die Hälfte der Spinat-Sahne-Masse platzieren, etwas flach drücken und die Lachsfilets mittig aufsetzen.

4 Die Backpapierbögen an den Seiten wie ein Bonbon zum Päckchen einschlagen, fest eindrehen und mit Küchengarn fixieren. Die Päckchen oben locker verschließen und im heißen Backofen etwa 20–25 Minuten backen. Der Fisch sollte jetzt eine saftig-glasige Konsistenz haben.

5 Die Päckchen zum Servieren oben öffnen, etwas Salz auf den Fisch geben und die restlichen Gorgonzolawürfel rund um den Fisch verteilen. Die Päckchen warm servieren und sofort genießen.

TIPP

Dazu passen hervorragend Wildreis oder Bandnudeln.

ASIA-OFENLACHS
mit Wokgemüse

FÜR 2 PORTIONEN

Für den Lachs
- 350 g Lachsfilet (ohne Haut)
- 1 Bio-Limette
- 1 Bund Koriandergrün
- Salz, Pfeffer
- 2–3 Msp. Chiliflocken
- 2 EL Sojasauce
- 2 EL Olivenöl

Für das Gemüse
- 3 Frühlingszwiebeln
- 1 Knoblauchzehe
- 15 g frischer Ingwer
- 1 rote Paprika
- 1 dicke Möhre
- 200 g Champignons
- 2 EL neutrales Bratöl
- 3 EL Sojasauce
- ½ TL Gemüsebrühe (Pulver)
- 100 g Baby-Spinat
- Salz, Peffer
- 2–3 Spritzer Chilisauce

SO GEHT'S

1 Backofen auf 190 °C (Ober-/Unterhitze) vorheizen. Lachs abspülen und trocken tupfen. Limette heiß waschen, abtrocknen und in dünne Scheiben schneiden. 2–3 Scheiben in eine kleine ofenfeste Form legen. Koriandergrün waschen und trocken schütteln. 2–3 Stängel auf die Limettenscheiben in der Form legen, den Rest mit den Stielen (nur grobe entfernen) fein hacken.

2 Den Lachs in die Form legen, mit Salz, Pfeffer und Chiliflocken würzen. Gehacktes Koriandergrün darauf verteilen und andrücken. Mit Sojasauce und Olivenöl beträufeln. Lachs mit übrigen Limettenscheiben belegen und im heißen Ofen (Mitte) 12–15 Minuten garen.

3 Frühlingszwiebeln waschen, putzen und den grünen und weißen Teil getrennt in Ringe schneiden. Knoblauch und Ingwer schälen und fein hacken. Paprika längs halbieren, putzen, waschen und die Hälften klein würfeln. Möhre schälen und putzen, längs halbieren und die Hälften schräg in dünne Scheiben schneiden. Champignons abreiben, putzen und je nach Größe halbieren oder vierteln.

4 Öl in einem Wok oder einer beschichteten Pfanne erhitzen, darin die Möhren unter Wenden 2–3 Minuten anbraten. Paprika, Champignons, weiße Frühlingszwiebelringe, Knoblauch und Ingwer zugeben und unter Rühren weitere 1–2 Minuten braten. Mit Sojasauce ablöschen, 80 ml Wasser und die Brühe zugeben und alles bei mittlerer Hitze weitere 3–5 Minuten garen.

5 Spinat waschen, trocken schleudern und im Wok bei hoher Hitze zusammenfallen lassen. Gemüse mit Salz, Pfeffer und Chilisauce abschmecken. Mit grünen Frühlingszwiebelringen bestreuen und mit dem Lachs servieren.

KABELJAU

mit Pfirsich, Tomate & Gorgonzola

FÜR 2 PORTIONEN

- 5 Pfirsiche
- 250 g Kirschtomaten
- 2 rote Zwiebeln
- 1 milde bis mittelscharfe Chilischote
- Salz
- 2–3 EL Olivenöl
- 400 g Kabeljaufilet (2–3 Filets, entgrätet)
- 100 g Gorgonzola dolce

SO GEHT'S

1 Ein Backblech fetten und den Ofen auf 180° (Umluft) vorheizen.

2 Pfirsiche waschen, entkernen und in Spalten schneiden, die Tomaten waschen. Die Zwiebeln schälen und in Ringe schneiden. Die Chilischote waschen, putzen und in feine Ringe schneiden.

3 Die Pfirsichspalten, die ganzen Kirschtomaten, die Zwiebelringe und die Chiliringe auf dem Backblech verteilen. Leicht salzen und mit dem Olivenöl vermengen. Das Pfirsich-Tomaten-Gemüse im heißen Ofen 20 Minuten backen, bis die Tomaten leicht aufplatzen.

4 Nun die Hitze auf 120 °C (Umluft) reduzieren und die beidseitig leicht gesalzenen Kabeljaufilets auf dem Gemüse verteilen. Den Gorgonzola zerzupfen und ebenfalls auf dem Gemüse verteilen und alles weitere 15 Minuten backen. Der Fisch sollte jetzt eine saftig-glasige Konsistenz haben. Sofort anrichten, servieren und genießen.

KAISERSCHMARRN
mit gebrannten Mandeln

FÜR 4 PORTIONEN

Für die Mandeln
- 200 g Zucker
- 1 EL Vanillezucker
- ¼ TL gemahlener Zimt
- 200 g Mandeln

Für den Kaiserschmarrn
- 5 Eier (Größe M)
- 100 g Weizenmehl (Type 405)
- 3 EL Zucker
- 1 TL Vanillezucker
- 250 ml Milch
- 50 g Rosinen
- 30 g getrocknete Cranberrys
- 50 g Butter
- 4 EL Mandelblättchen
- Puderzucker

Außerdem
- ofenfeste Pfanne

SO GEHT'S

1 Für die Mandeln 100 ml Wasser mit Zucker, Vanillezucker und Zimt in eine Pfanne geben. Alles kurz durchrühren und aufkochen lassen. Die Mandeln unterrühren und bei niedriger Hitze so lange köcheln lassen, bis das Wasser verdunstet ist. Der Zucker wird zuerst sehr trocken und bröselig. Unter ständigem Rühren auf hoher Stufe den Zucker weiter erhitzen, bis er anfängt zu karamellisieren. Sobald der Zucker sich vollständig aufgelöst hat und die Mandeln braun ummantelt sind, die Mandeln zügig auf ein Backpapier geben und vollständig aushärten lassen. Anschließend die Mandeln auseinanderbrechen und beiseitestellen.

2 Für den Kaiserschmarrn den Ofen auf 200 °C (Ober-/Unterhitze) vorheizen. Die Eier trennen. Das Mehl mit Zucker, Vanillezucker, Milch und Eigelb verrühren und 15 Minuten quellen lassen. Das Eiweiß steif schlagen und anschließend unter die Masse heben. Die Rosinen und Cranberrys ebenfalls hinzufügen.

3 Die Hälfte der Butter in einer großen ofenfesten (!) Pfanne erhitzen. Den Teig in die Pfanne gießen und 3–4 Minuten anbacken. Dann den Teig vom Rand lösen, alles in die Pfannenmitte schieben und im Ofen noch 10 Minuten weiterbacken. Die Mandelblättchen in der restlichen Butter anrösten. Den Kaiserschmarrn aus dem Ofen nehmen, mit zwei Gabeln in kleine Stücke zupfen und mit Mandelblättchen, gebrannten Mandeln und Puderzucker anrichten.

TIPP

Selbst gebrannte Mandeln sind ein tolles Geschenk, gerade in der Weihnachtszeit.

APFEL-
pfannkuchen

FÜR 2–3 PORTIONEN

- 2 Eier (Größe M)
- 50 g Zucker
- 150 g Mehl
- 200 ml Milch
- 2 Äpfel
- 2 EL Butter

SO GEHT'S

1 Die Eier mit dem Zucker verrühren. Nach und nach Mehl und Milch unterrühren.

2 Die Äpfel schälen, vom Kerngehäuse befreien und in nicht zu dünne Scheiben schneiden.

3 Etwas Butter in einer kleinen beschichteten Pfanne erhitzen. Den Teig darin kurz stocken lassen, mit Apfelscheiben belegen und anbacken lassen. Vorsichtig wenden und fertig backen. Aus dem Teig 4 Pfannkuchen backen.

TIPP

Schmeckt lecker mit Zimt und Zucker oder Mandelstiften bestreut, oder mit einem Klecks Joghurt.

IMPRESSUM

Bibliografische Information der Deutschen Bibliothek.

Die Deutsche Bibliothek verzeichnet diese Publikation in der Deutschen Nationalbibliografie.

Detaillierte bibliografische Daten sind im Internet über http://www.dnb.de/ abrufbar.

EIN BUCH DER EDITION MICHAEL FISCHER

1. Auflage 2021

Reihengestaltung: Yvonne Witzan

Satz: Luca Feigs

Projektleitung und Lektorat: Lena Buch

Rezepte: S. 10–14, 18–24, 34, 46–48, 62: Rose Marie Donhauser; S. 16, 52: Inga Pfannebecker; S. 26, 36, 40–44, 54, 56: Stefanie Hiekmann; S. 28–32, 38: Stefan Otto; S. 58: Tanja Dusy/Inga Pfannebecker; S. 60: Melanie Allhoff

Bilder: S. 11, 13, 35, 51: Guido Schmelich, Holzkirchen b. München; S. 23, 25: Nadja Buchczik, Bielefeld; S. 27, 37, 41–45, 55, 57: Stefanie Hiekmann, Osnabrück; S. 17, 53: Britta Welzer, Stuttgart; S. 61: Melanie Allhof, Lienen; S. 29–33, 39: Ela Rüther, Köln; S. 59 Katrin Winner, München; S. 63: Sabrina Sue Daniels, Düsseldorf; S. 15, 19, 21, 47, 49: Tina Bumann, Bretten

ISBN 978-3-7459-0238-9

Gedruckt bei Polygraf Print, Čapajevova 44, 08001 Prešov, Slowakei

www.emf-verlag.de